AF188171

Impressum
Verlag: BABADADA GmbH, Nedderfeld 112 , 22529 Hamburg
Geschäftsführer / Verlagsleitung: Harald Hof
Druck: Books on Demand GmbH, In de Tarpen 42, 22848 Norderstedt

Imprint
Publisher: BABADADA GmbH, Nedderfeld 112 , 22529 Hamburg, Germany
Managing Director / Publishing direction: Harald Hof
Print: Books on Demand GmbH, In de Tarpen 42, 22848 Norderstedt, Germany

skole

la escuela

klasseværelse
el aula

dividere
dividir

186/2

tavle
la pizarra

skolegård
el patio

lærer
el maestro/a

papir
el papel

skrive
escribir

pen
el bolígrafo

skrivebord
el escritoria

lineal
la regla

bog
el libro

elev
el alumno/a

skoletaske

la cartera

penalhus

la caja de lápices

blyant

el lápiz

blyantspidser

el sacapuntas

viskelæder

la goma de borrar

tegneblok

el cuaderno de dibujo

tegning

el dibujo

pensel

el pincel

æske med vandfarver

la caja de pinturas

saks

las tijeras

lim

el pegamento

opgavehefte

el cuaderno de ejercicios

lektie

los deberes

12

tal

el número

2+2

addere

sumar

5-2

subtrahere

restar

2×2

multiplicere

multiplicar

regne

calcular

A

bogstav

la letra

ABCDEFG HIJKLMN OPQRSTU VWXYZ

alfabet

el alfabeto

hello

ord

la palabra

tekst

el texto

læse

leer

kridt

la tiza

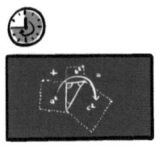

time

la lección

klasseprotokol

el cuaderno de notas

eksamen

el examen

karakterbog

el certificado

skoleuniform

el uniforme

uddannelse

la educación

leksikon

la enciclopedia

universitet

la universidad

mikroskop

el microscopio

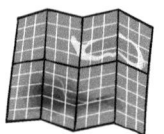

kort

el mapa

papirkurv

la papelera

hotel
el hotel

herberg
el albergue

ROOMS

ekselkontor
oficina de cambio de divisas

EXCHANGE

kuffert
la maleta

bil
el coche

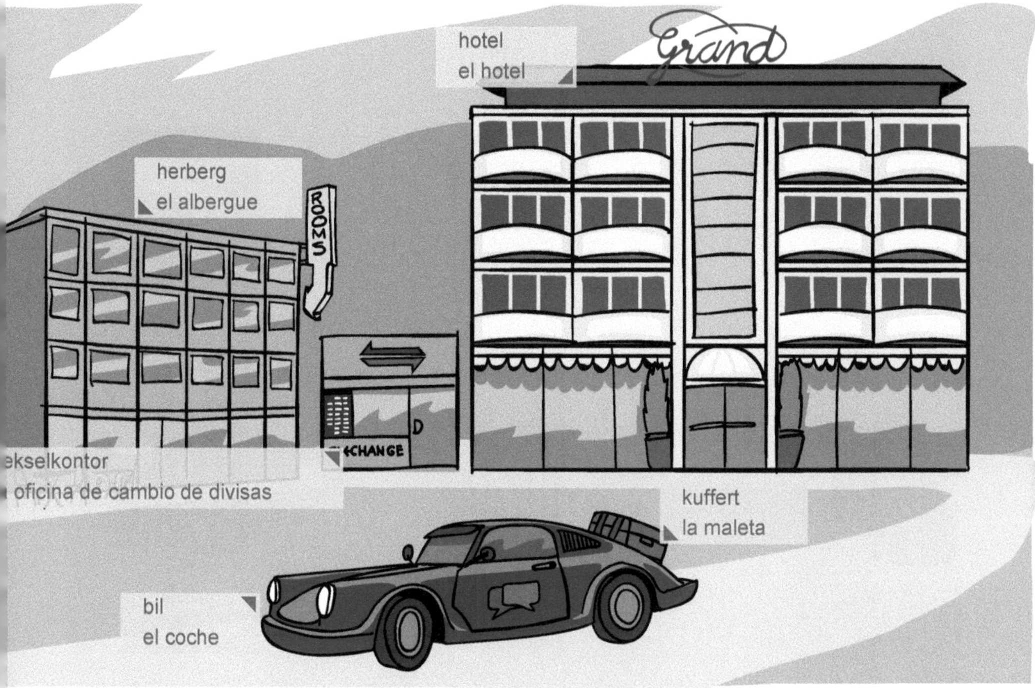

sprog

el idioma

ja / nej

sí / no

okay

Vale

hej

hola

oversætter

el traductor

tak

Gracias

hvad koster…?

¿cuánto es…?

Jeg forstår ikke

No entiendo

problem

el problema

God aften!

¡Buenas tardes!

God morgen!

¡Buenos días!

God nat!

¡Buenas noches!

farvel

adiós

retning

la dirección

bagage

el equipaje

taske

la bolsa

rygsæk

la mochila

gæst

el invitado

værelse

la habitación

sovepose

el saco de dormir

telt

la tienda de campaña

turistinformation

la información turística

strand

la playa

kreditkort

la tarjeta de crédito

morgenmad

el desayuno

middagsmad

el almuerzo

aftensmad

la cena

billet

el billete

elevator

el ascensor

frimærke

el sello

grænse

la frontera

told

la aduana

ambassade

la embajada

visum

la visa

pas

el pasaporte

transport
el transporte

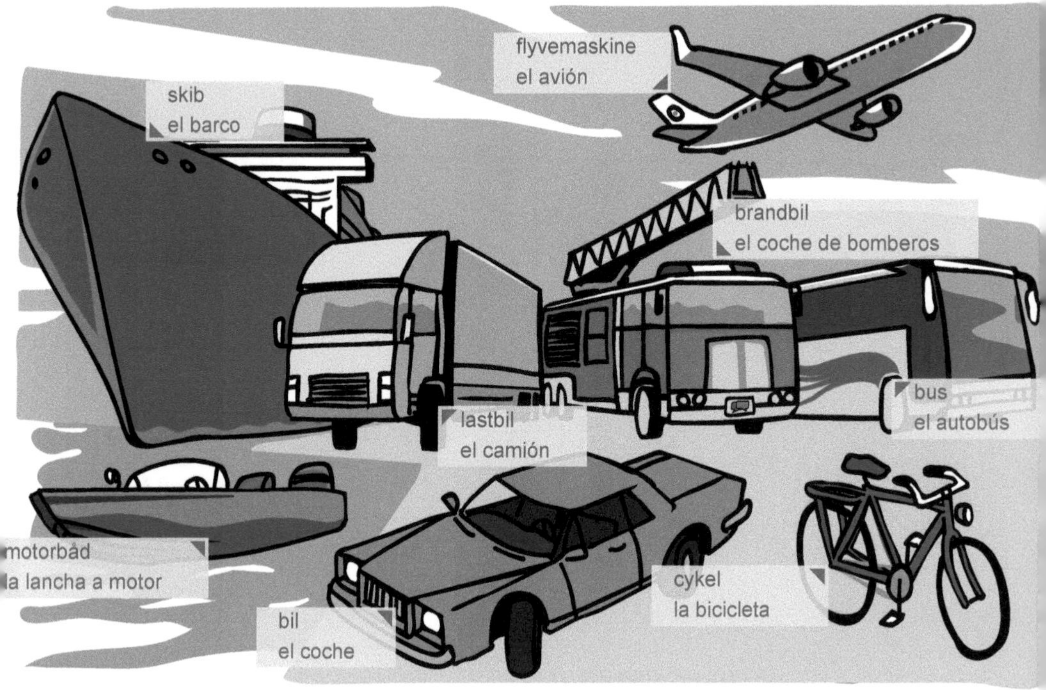
skib
el barco
flyvemaskine
el avión
brandbil
el coche de bomberos
bus
el autobús
lastbil
el camión
motorbåd
la lancha a motor
cykel
la bicicleta
bil
el coche

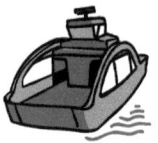

færge

el transbordador

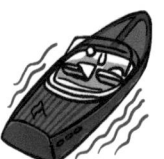

båd

la barca

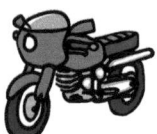

motorcykel

la moto

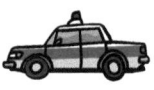

politibil

el coche de policía

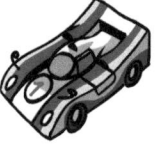

racerbil

el coche de carreras

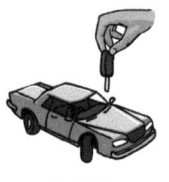

lejebil

el coche de alquiler

samkørsel

el préstamo de vehículos

kranbil

la grúa

skraldebil

el camión de la basura

motor

el motor

benzin

la gasolina

tankstation

la gasolinera

trafikskilt

la señal de tráfico

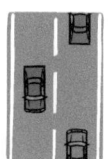

trafik

el tráfico

trafikprop

el atasco

parkeringsplads

el aparcamiento

banegård

la estación de tren

skinner

las vías

tog

el tren

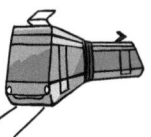

sporvogn

el tranvía

wagon

el vagón

helikopter

el helicóptero

lufthavn

el aeropuerto

tårn

la torre

passager

el pasajero

container

el contenedor

karton

la caja de cartón

kærre

la carretilla

kurv

la cesta

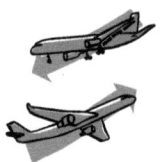

starte / lande

despegar / aterrizar

by

la ciudad

landsby

el pueblo

bymidte

el centro de la ciudad

hus

la casa

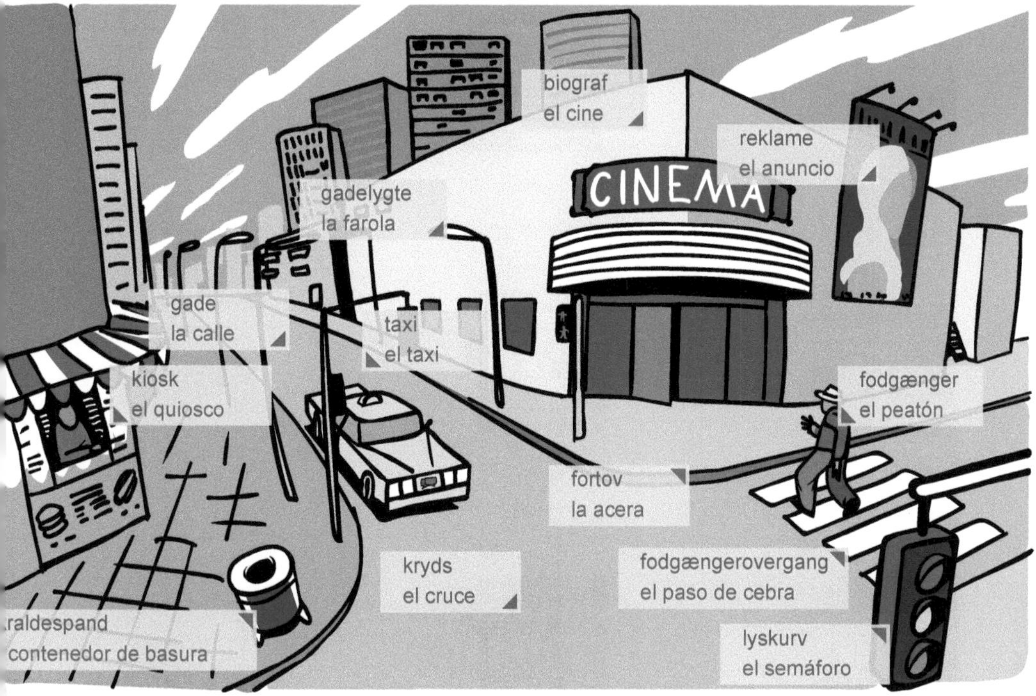

CINEMA

biograf / el cine

reklame / el anuncio

gadelygte / la farola

gade / la calle

taxi / el taxi

kiosk / el quiosco

fodgænger / el peatón

fortov / la acera

kryds / el cruce

fodgængerovergang / el paso de cebra

raldespand / contenedor de basura

lyskurv / el semáforo

hytte

la cabaña

lejlighed

el apartamento

banegård

la estación de tren

rådhus

el ayuntamiento

museum

el museo

skole

la escuela

universitet

la universidad

bank

el banco

sygehus

el hospital

hotel

el hotel

apotek

la farmacia

kontor

la oficina

boghandel

la librería

butik

la tienda de campaña

blomsterbutik

la floristería

supermarked

el supermercado

marked

el mercado

stormagasin

los grandes almacenes

fiskehandler

la pescadería

butikscenter

el centro comercial

havn

el puerto

park
el parque

bænk
el banco

bro
el puente

trappe
las escaleras

undergrundsbane
el metro

tunnel
el túnel

busstoppested
la parada de autobús

barnevogn
el bar

restaurant
el restaurante

postkasse
el buzón

vejskilt
el poste indicador

parkometer
el parquímetro

zoo
el zoo

badeanstalt
la piscina

moske
la mezquita

bondegård
la granja

miljøforurening
la contaminación

kirkegård
el cementerio

kirke
la iglesia

legeplads
el patio de juego

tempel
el templo

landskab
el paisaje

blad
la hoja

vejviser
la señal

vej
el camino

eng
el prado

sten
la piedra

træ
el árbol

vandrer
el excursionista

flod
el río

græs
la hierba

blomst
la flor

dal
el valle

bjerg
la colina

sø
el lago

skov
el bosque

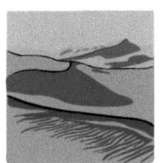

ørken
el desierto

vulkan
el volcán

slot
el castillo

regnbue
el arcoíris

svamp
el champiñón

palme
la palmera

moskito
el mosquito

flue
la mosca

myre
la hormiga

bi
la abeja

edderkop
la araña

bille
....
el escarabajo

frø
....
la rana

egern
....
la ardilla

pindsvin
....
el erizo

hare
....
la liebre

ugle
....
la lechuza

fugl
....
el pájaro

svane
....
el cisne

vildsvin
....
el jabalí

hjort
....
el ciervo

elg
....
el alce

dæmning
....
la presa

vindmølle
....
la turbina eólica

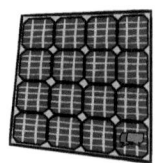

solcellemodul
....
el panel solar

klima
....
el clima

restaurant
el restaurante

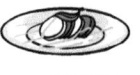

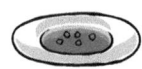

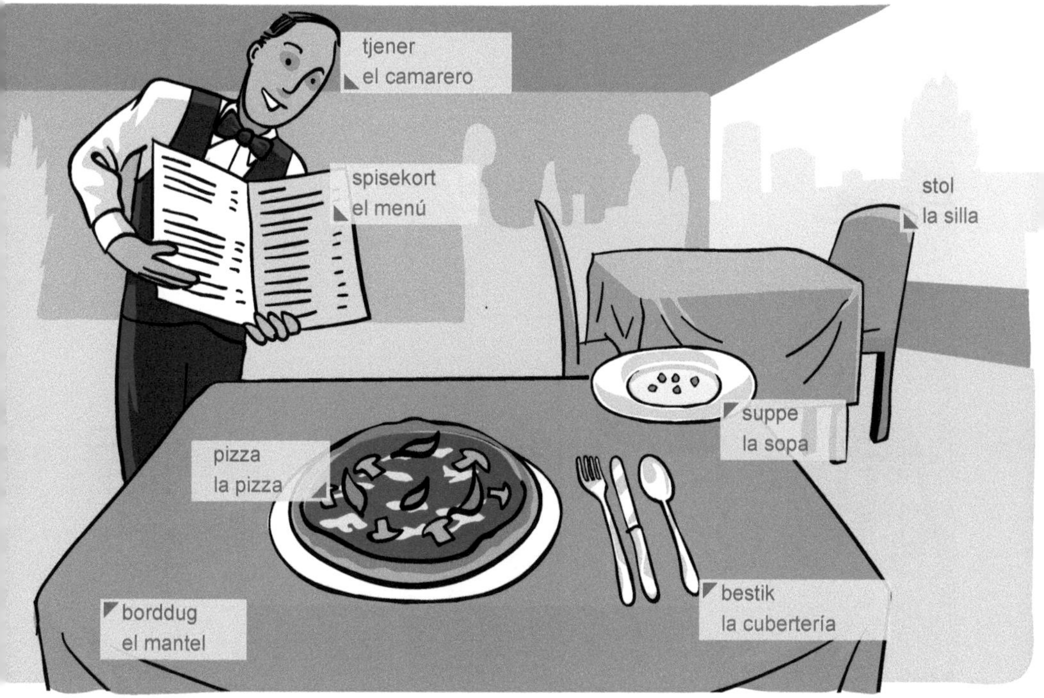

tjener
el camarero
spisekort
el menú
stol
la silla
suppe
la sopa
pizza
la pizza
bestik
la cubertería
borddug
el mantel

forret

el primer plato

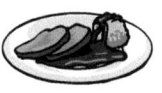

hovedret

el plato principal

dessert

el postre

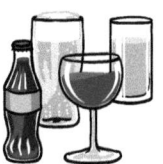

drikkevarer

las bebidas

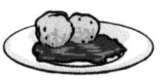

mad

la comida

flaske

la botella

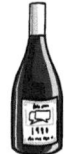

fastfood

la comida rápida

streetfood

la comida callejera

tekande

la tetera

sukkerdåse

el azucarero

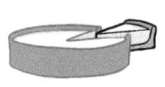

portion

la porción

espressomaskine

la cafetera expreso

barnestol

la trona

faktura

la cuenta

tablet

la bandeja

kniv

el cuchillo

gaffel

el tenedor

ske

la cuchara

teske

la cucharilla

serviet

la servilleta

glas

el vaso

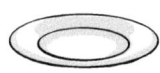

tallerken

el plato

dyb tallerken

el plato hondo

underkop

el platillo

sovs

la salsa

saltbøsse

el salero

peberkværn

el molinillo de pimienta

eddike

el vinagre

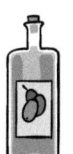

olie

el aceite

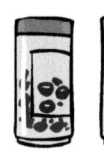

krydderier

las especias

ketchup

el ketchup

sennep

la mostaza

mayonnaise

la mayonesa

supermarked
el supermercado

tilbud
la oferta especial
FOR
kunde
el cliente
mælkeprodukter
los lácteos
frugt
la fruta
indkøbsvogn
el carro de compra

BUTCHERS

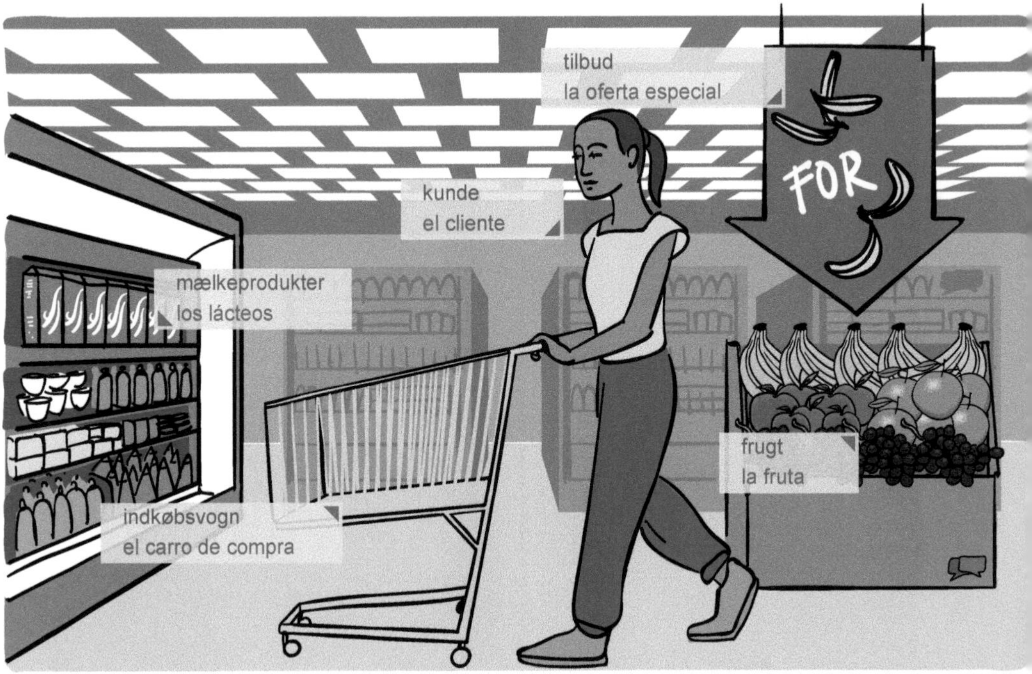

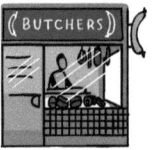

slagter

la carniceria

BAKERY

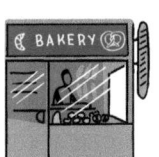

bageri

la panadería

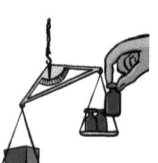

veje

pesar

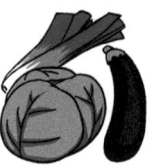

grøntsager

las verduras

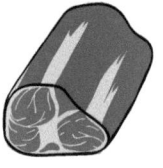

kød

la carne

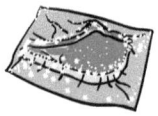

frostvarer

los alimentos congelados

pålæg
los fiambres

konserves
las conservas

vaskemiddel
el detergente en polvo

slik
los dulces

husholdningsvarer
productos de uso doméstico

rengøringsmidler
productos de limpieza

ekspedient
la vendedora

kasse
la caja de cartón

kasserer
el cajero

indkøbsliste
la lista de la compra

åbningstider
el horario de atención al
público

tegnebog
la cartera

kreditkort
la tarjeta de crédito

taske
la bolsa de plástico

plasticpose
la bolsa de plástico

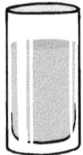

vand
....
el agua

saft
....
el zumo

mælk
....
la leche

cola
....
la cola

vin
....
el vino

øl
....
la cerveza

alkohol
....
el alcohol

kakao
....
el cacao

te
....
el té

kaffe
....
el café

espresso
....
el expreso

cappuccino
....
el capuchino

banan

el plátano

æble

la manzana

appelsin

la naranja

melon

el melón

citron

el limón

gulerod

la zanahoria

hvidløg

el ajo

bambus

el bambú

løg

la cebolla

svamp

el champiñón

nødder

las avellanas

nudler

los fideos

spaghetti

las espagueti

ris

el arroz

salat

la ensalada

pomfritter

las patatas fritas

stegte kartofler

las patatas fritas

pizza

la pizza

hamburger

la hamburguesa

sandwich

el sándwich

schnitzel

el filete

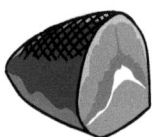

skinke

el jamón

salami

le salami

pølse

la salchicha

kylling

el pollo

steg

el asado

fisk

el pescado

havregryn

los copos de avena

mysli

el muesli

cornflakes

los copos de maíz

mel

la harina

croissant

el cruasán

rundstykke

el panecillo

brød

el pan

toast

la tostada

kiks

las galletas

smør

la mantequilla

kvark

la cuajada

kage

el pastel

æg

el huevo

spejlæg

el huevo frito

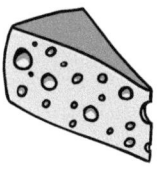

ost

el queso

is
el helado

sukker
el azúcar

honning
la miel

marmelade
la mermelada

nougat-creme
la crema de turrón

karry
el curry

bondegård
la granja

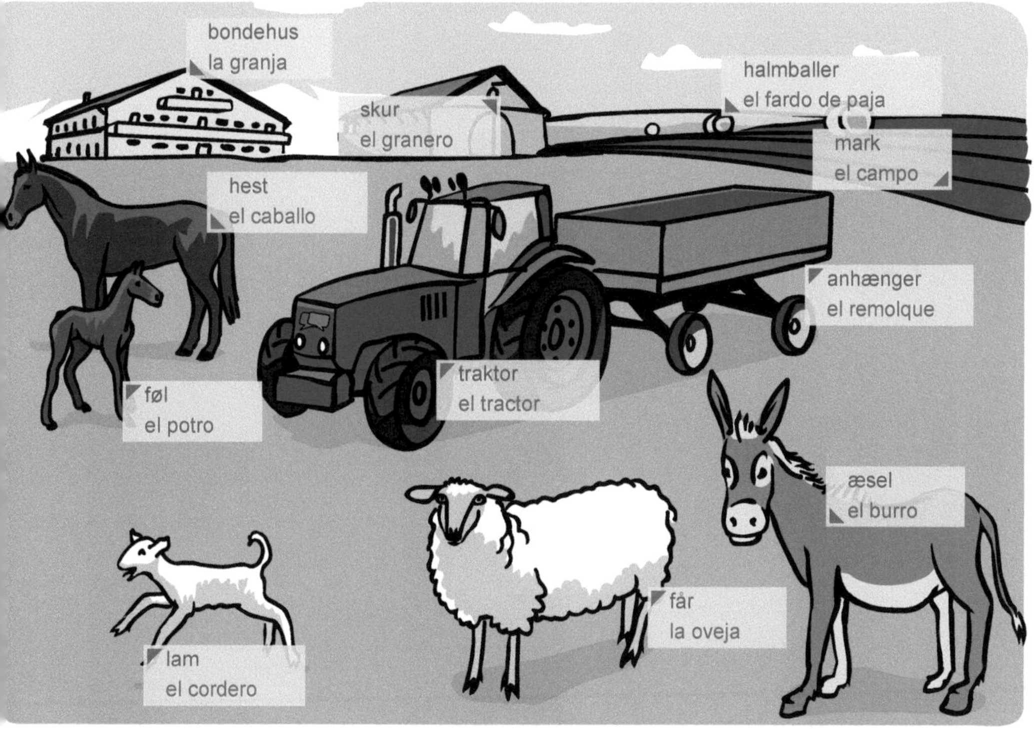
bondehus
la granja
skur
el granero
halmballer
el fardo de paja
mark
el campo
hest
el caballo
anhænger
el remolque
traktor
el tractor
føl
el potro
æsel
el burro
får
la oveja
lam
el cordero

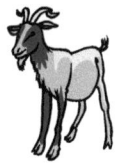

ged

la cabra

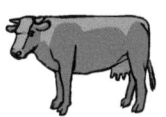

ko

la vaca

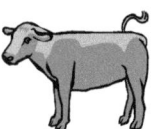

kalv

el ternero

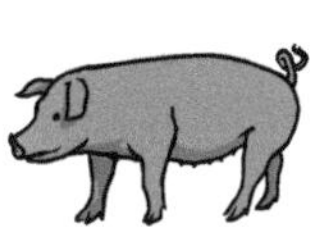

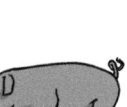

svin

el cerdo

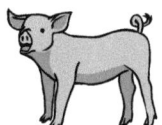

gris

el cerdito

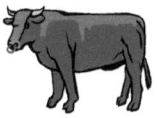

tyr

el toro

gås
el ganso

and
el pato

kylling
el pollo

høne
la gallina

hane
el gallo

rotte
la rata

kat
el gato

mus
el ratón

okse
el buey

hund
el perro

hundehus
la perrera

haveslange
la manguera

vandkande
la regadera

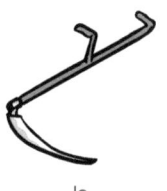

le
la guadaña

plov
el arado

segl

la hoz

hakkejern

la azada

møggreb

la horca

økse

el hacha

trillebør

la carretilla

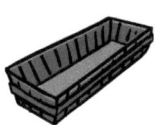

trug

el abrevadero

mælkekande

la lechera

sæk

el saco

hæk

la valla

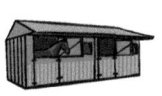

stald

el establo

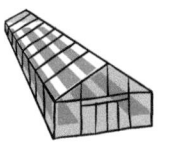

drivhus

el invernadero

jord

el suelo

frø

la semilla

gødning

el fertilizador

mejetærsker

la cosechadora

høste
cosechar

høst
la cosecha

yams
el ñame

hvede
el trigo

soja
el soja

kartoffel
la patata

majs
el maíz

raps
la semilla de colza

frugttræ
el árbol frutal

maniok
la mandioca

korn
las cereales

hus

la casa

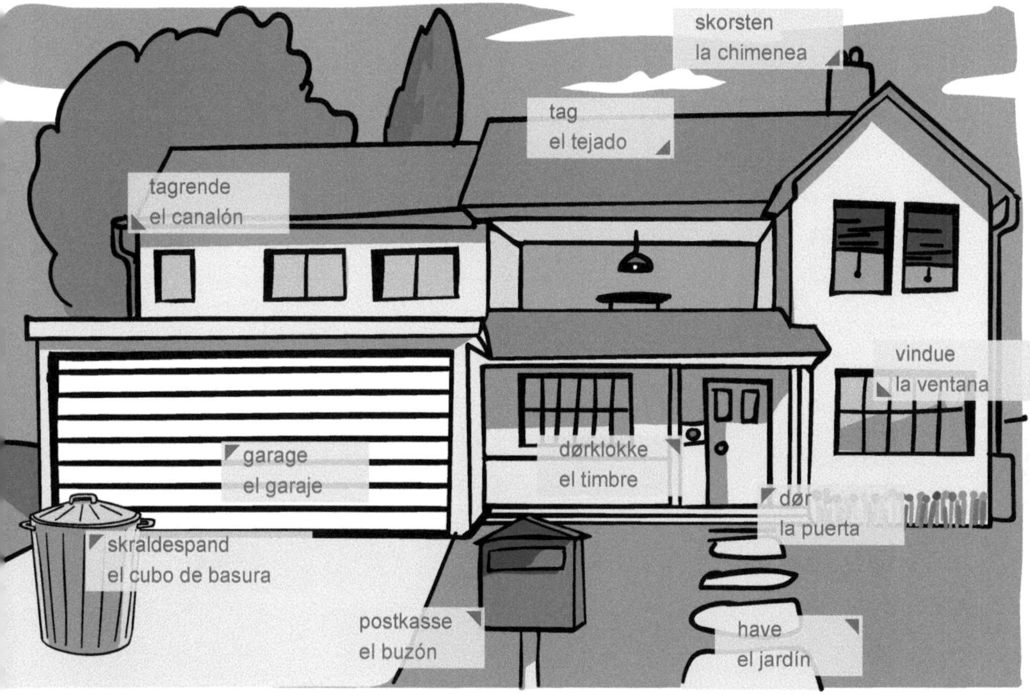

skorsten
la chimenea
tag
el tejado
tagrende
el canalón
vindue
la ventana
garage
el garaje
dørklokke
el timbre
dør
la puerta
skraldespand
el cubo de basura
postkasse
el buzón
have
el jardín

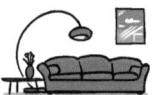

stue

la sala

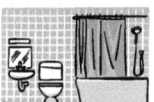

badeværelse

el cuarto de baño

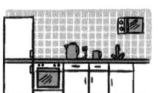

køkken

la cocina

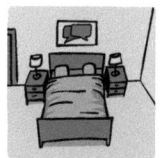

soveværelse

el dormitorio

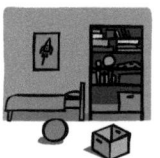

børneværelse

la habitación de los niños

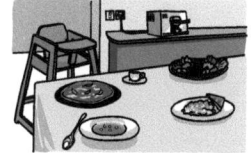

spisestue

el comedor

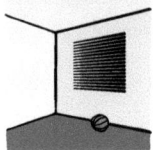

gulv
el suelo

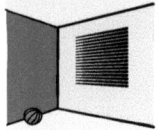

væg
la pared

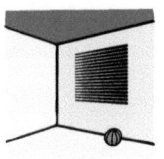

loft
el techo

kælder
el sótano

sauna
la sauna

altan
el balcón

terrasse
la terraza

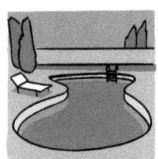

svømmehal
la piscina

plæneklipper
el cortacésped

dynebetræk
la sábana

dyne
la colcha

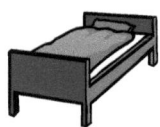

seng
la cama

kost
la escoba

spand
el balde

kontakt
el interruptor

stue
la sala

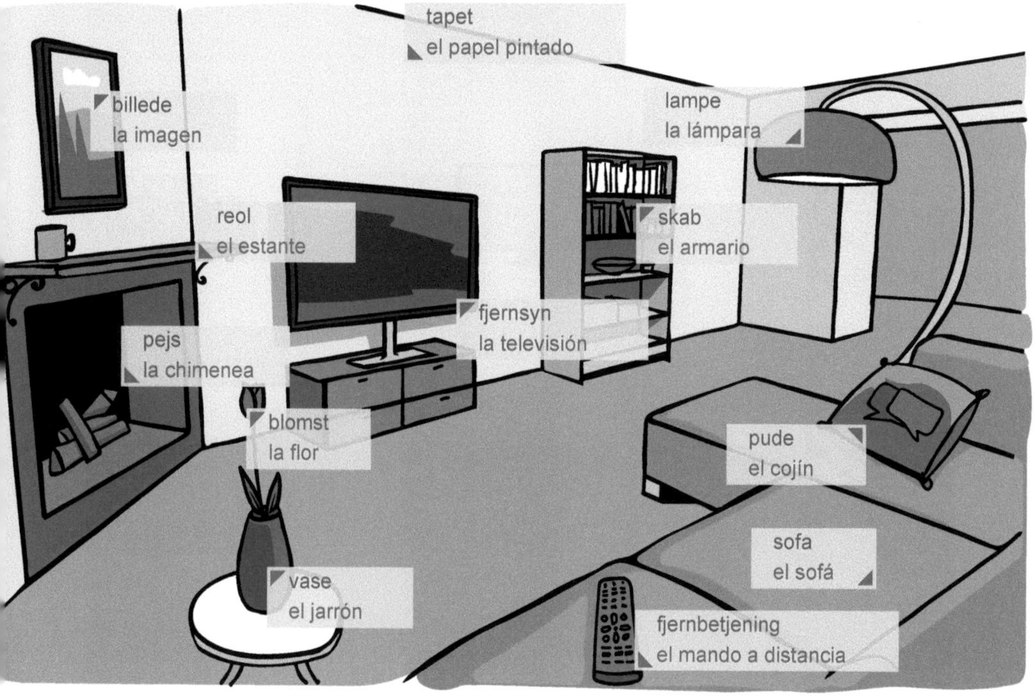
tapet
el papel pintado
billede
la imagen
lampe
la lámpara
reol
el estante
skab
el armario
fjernsyn
la televisión
pejs
la chimenea
blomst
la flor
pude
el cojín
sofa
el sofá
vase
el jarrón
fjernbetjening
el mando a distancia

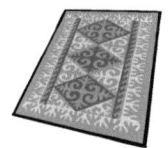

gulvtæppe

la alfombra

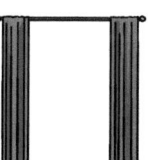

gardin

la cortina

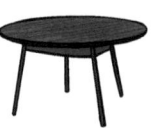

bord

la mesa

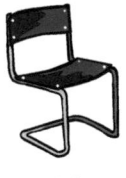

stol

la silla

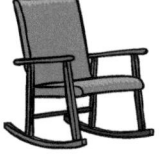

gyngestol

el mecedora

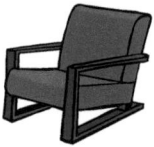

lænestol

la butaca

bog

el libro

tæppe

la manta

dekoration

la decoración

brænde

la leña

film

la película

stereoanlæg

el equipo de música

nøgle

la llave

avis

el periódico

maleri

la pintura

plakat

el póster

radio

la radio

notesblok

el cuaderno

støvsuger

la aspiradora

kaktus

el cactus

lys

la vela

køkken
la cocina

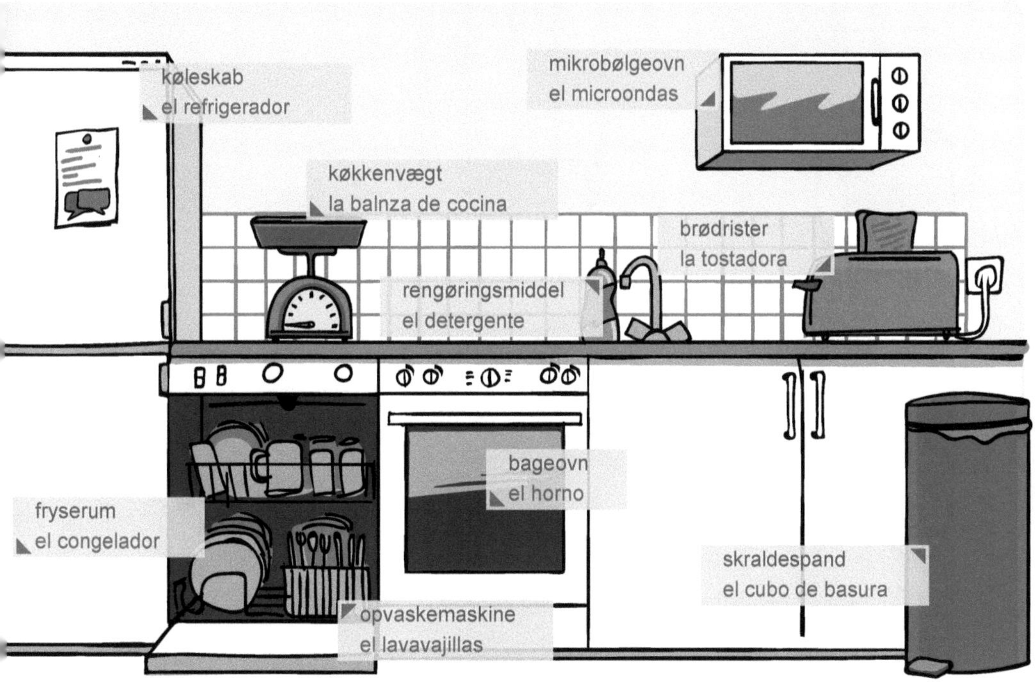
køleskab
el refrigerador
mikrobølgeovn
el microondas
køkkenvægt
la balnza de cocina
brødrister
la tostadora
rengøringsmiddel
el detergente
bageovn
el horno
fryserum
el congelador
skraldespand
el cubo de basura
opvaskemaskine
el lavavajillas

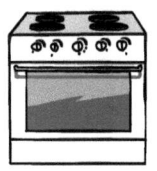

komfur

la olla a presión

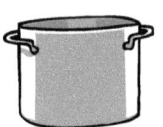

gryde

la olla

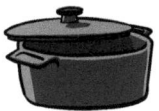

jerngryde

la olla de hierro fundido

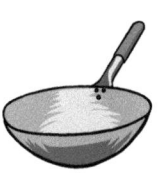

wok / kadai

el wok

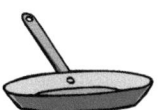

pande

la cazuela

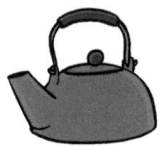

elkedel

el hervidor

dampkoger

la vaporera

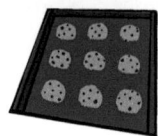

bageplade

la chapa de horno

service

la vajilla

bæger

la taza

skål

el tazón

spisepinde

los palillos

øseske

el cucharón

paletkniv

la espumadera

piskeris

el batidor

dørslag

el colador

si

el cedazo

rive

el rallador

morter

el mortero

grille

la barbacoa

ildsted

la hoguera

skærebræt

la tabla de picar

kagerulle

el rodillo

proptrækker

el sacacorchos

dåse

la lata

dåseåbner

el abrelatas

grydelap

el agarrador

køkkenvask

el lavabo

børste

el cepillo

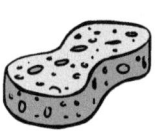

svamp

la esponja

blender

la batidora

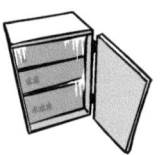

dybfryser

el congelador

sutteflaske

el biberón

vandhane

el grifo

badeværelse

el cuarto de baño

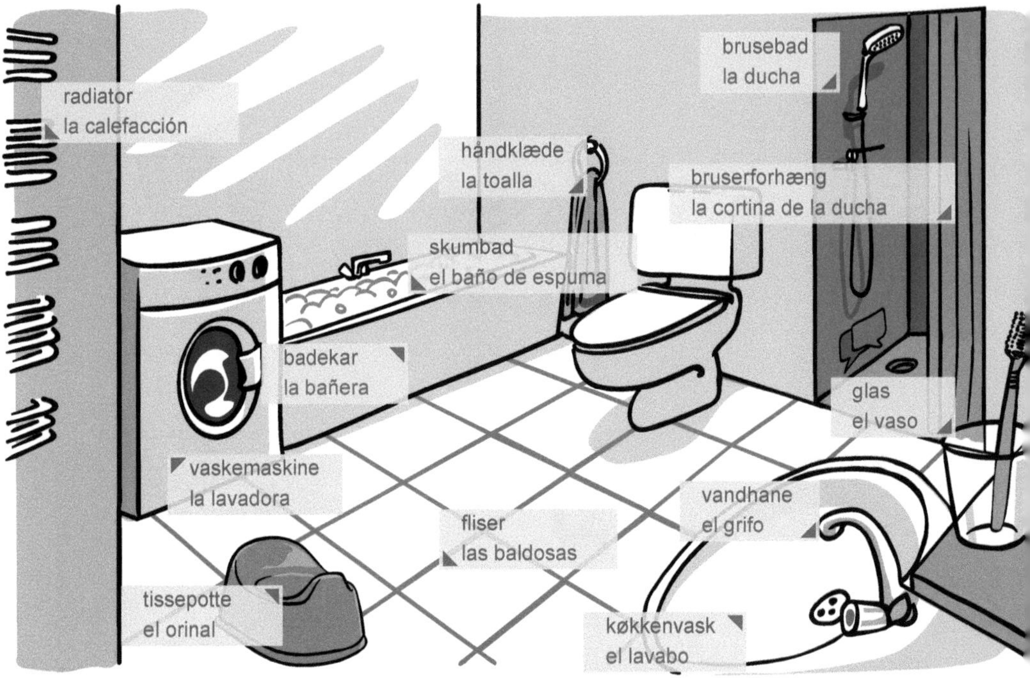
radiator
la calefacción
håndklæde
la toalla
brusebad
la ducha
bruserforhæng
la cortina de la ducha
skumbad
el baño de espuma
badekar
la bañera
glas
el vaso
vaskemaskine
la lavadora
vandhane
el grifo
fliser
las baldosas
tissepotte
el orinal
køkkenvask
el lavabo

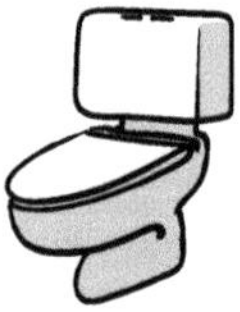

toilet

el inodoro

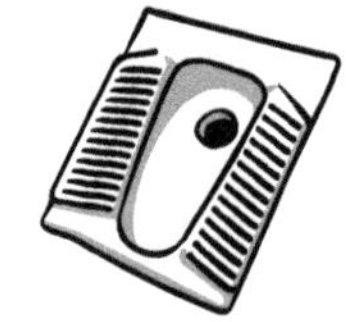

hugsiddende toilet

el inodoro rústico

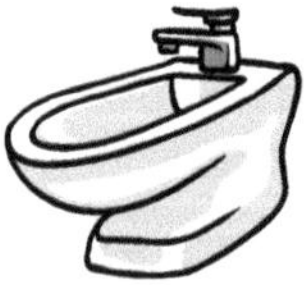

bidet

el bidé

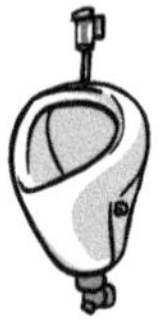

pissoir

el urinario

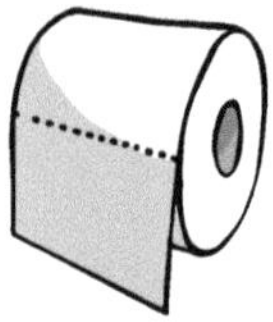

toiletpapir

el papel higiénico

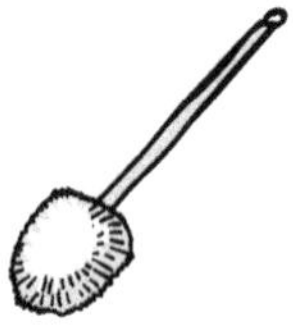

toiletbørste

la escobilla del váter

tandbørste

el cepillo de dientes

tandpasta

la pasta de dientes

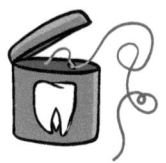

tandtråd

el hilo dental

vaske

lavar

håndbruser

la ducha de mano

intimbruser

la ducha íntima

vaskefad

la pila

badebørste

el cepillo de espalda

sæbe

el jabón

brusegele

el gel de ducha

shampoo

el champú

vaskeklud

la toallita

afløb

el desagüe

creme

la crema

deodorant

el desodorante

spejl

el espejo

kosmetikspejl

el espejo de tocador

barberhøvl

la maquinilla de afeitar

barberskum

la espuma de afeitar

barbervand

la loción postafeitado

kam

el peine

børste

el cepillo

hårtørrer

el secador

hårspray

la laca

makeup

el maquillaje

læbestift

el pintalabios

neglelak

el pintauñas

vat

el algodón

neglesaks

el cortauñas

parfume

el perfume

toilettaske

el estuche de viaje

skammel

la banqueta

vægt

la balanza

badekåbe

el albornoz

gummihandsker

los guantes de goma

tampon

el tampón

damebind

la compresa

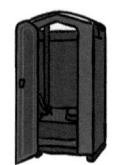

kemisk toilet

el inodoro químico

børneværelse
la habitación de los niños

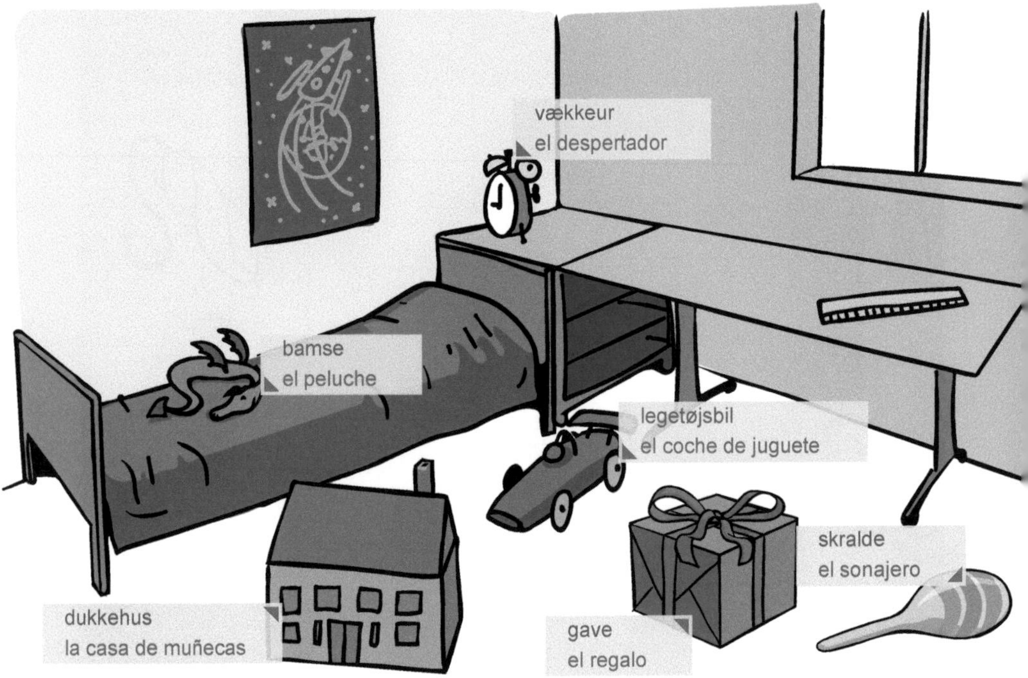

vækkeur
el despertador
bamse
el peluche
legetøjsbil
el coche de juguete
skralde
el sonajero
dukkehus
la casa de muñecas
gave
el regalo

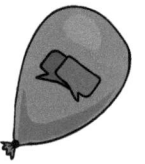

ballon

el globo

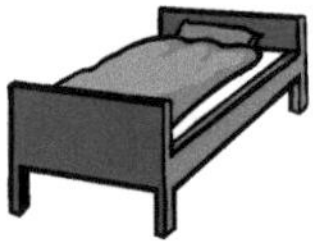

seng

la cama

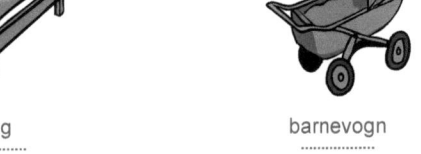

barnevogn

el coche de niño

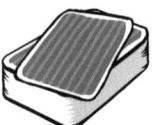

kortspil

los naipes

puslespil

el puzle

SUPER
MEGA

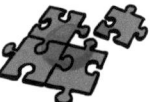

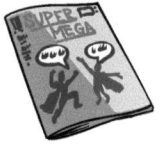

tegneserie

el tebeo

legoklodser

las piezas de lego

byggeklodser

los bloques de juguete

action figur

la figura de acción

sparkedragt

el bodi (de bebé)

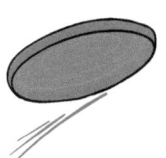

frisbee

el frisbee

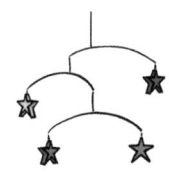

uro

el colgador móvil para bebés

brætspil

el juego de mesa

terning

los dados

modeljernbane

el circuito de tren eléctrico

sut

el maniquí

fest

la fiesta

billedbog

el álbum de fotos

bold

la pelota

dukke

la muñeca

lege

jugar

sandkasse

el cajón de arena

gynge

el columpio

legetøj

los juguetes

spillekonsol

la videoconsola

trehjulet cykel

el triciclo

bamse

el oso de peluche

klædeskab

la guardarropa

tøj

la ropa

sokker

los calcetines

strømper

las medias

strømpebukser

los leotardos

sjal
la bufanda

bælte
el cinturón

paraply
el paraguas

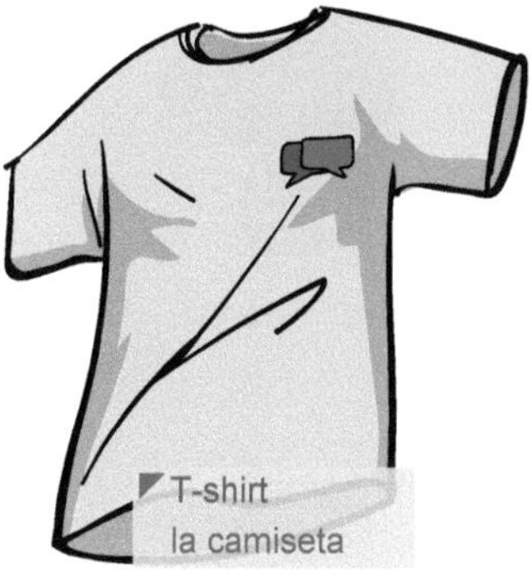

T-shirt
la camiseta

sneakers
las deportivas

støvler
las botas

hjemmesko
las zapatillas

sandaler
....
las sandalias

sko
....
los zapatos

gummistøvler
....
las botas de goma

underbukser
....
el slip

BH
....
el sostén

undertrøje
....
el chaleco

body
el bodi

bukser
los pantalones cortos

jeans
los vaqueros

nederdel
la falda

bluse
la blusa

skjorte
la camisa

pullover
el jersey

sweatshirt
el suéter

blazer
el blazer

jakke
la chaqueta

frakke
el abrigo

regnfrakke
la gabardina

kostume
el traje

kjole
el vestido

brudekjole
el vestido de novia

jakkesæt
el traje

nattrøje
el camisón

pyjamas
el pijama

sari
el sati

hovedtørklæde
el bandana

turban
el turbante

burka
la burka

kaftan
el caftán

abaya
la abaya

badedragt
el traje de baño

badebukser
el bañador

korte bukser
los pantalones cortos

træningsdragt
el chándal

forklæde
el delantal

handsker
los guantes

knap

el botón

briller

las gafas

armbånd

el brazalete

kæde

el collar

ring

el anillo

ørering

el pendiente

hue

la gorra

bøjle

la percha

hat

el sombrero

slips

la corbata

lynlås

la cremallera

hjelm

el casco

seler

los tirantes

skoleuniform

el uniforme

uniform

el uniforme

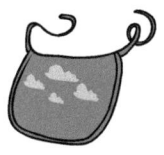

hagesmæk

el babero

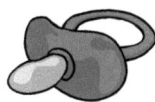

sut

el maniquí

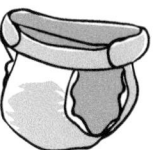

ble

el pañal

kontor
la oficina

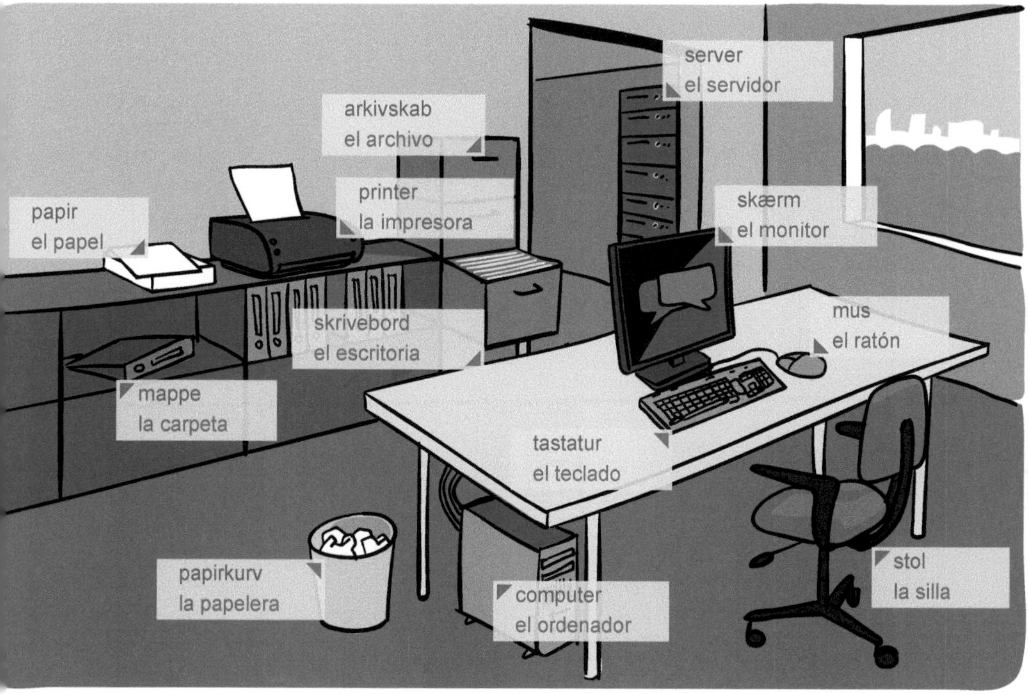
server
el servidor
arkivskab
el archivo
printer
la impresora
papir
el papel
skærm
el monitor
mus
el ratón
skrivebord
el escritoria
mappe
la carpeta
tastatur
el teclado
papirkurv
la papelera
computer
el ordenador
stol
la silla

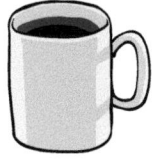

kaffekrus

la taza de café

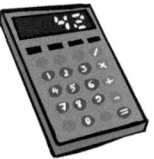

lommeregner

la calculadora

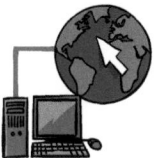

internet

el internet

bærbar

el portátil

brev

la carta

besked

el mensaje

mobil

el móvil

netværk

la red

kopimaskine

la fotocopiadora

software

el software

telefon

el teléfono

stikdåse

la toma de corriente

fax

el fax

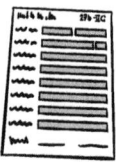

formular

el formulario

dokument

el documento

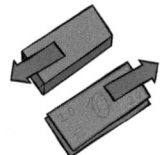

købe

comprar

betale

pagar

handle

comerciar

penge

el dinero

 **USD**

dollar

el dólar

 **EUR**

euro

el euro

 **JPY**

yen

el yen

 **RUB**

rubel

el rublo

 **CHF**

schweizerfranc

el franco suizo

 **CNY**

renminbi yuan

el renminbi yuan

 **INR**

rupee

la rupia

hæveautomat

el cajero automático

vekselkontor

la oficina de cambio de divisas

guld

el oro

sølv

la plata

olie

el petróleo

energi

la energía

pris

el precio

kontrakt

el contrato

skat

el impuesto

aktie

la acción

arbejde

trabajar

ansat

el empleador

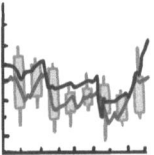

arbejdsgiver

el empleador

fabrik

la fábrica

butik

la tienda de campaña

politimand
el agente de policía

brandmand
el bombero

kok
el cocinero

læge
el médico

pilot
el piloto

gartner
el jardinero

tømrer
el carpintero

syerske
la costurera

dommer
el juez

kemiker
el farmacéutico

skuespiller
el actor

buschauffør

el conductor de autobús

taxachauffør

el taxista

fisker

el pescador

rengøringskone

la señora de la limpieza

tagdækker

el techador

tjener

el camarero

jæger

el cazador

maler

el pintor

bager

el panadero

elektriker

el electricista

bygningsarbejder

el obrero

ingeniør

el ingeniero

slagter

el carnicero

vvs-mand

el fontanero

postbud

el cartero

erhverv - los oficios

soldat
el soldado

arkitekt
el arquitecto

kasserer
el cajero

blomsterhandler
el florista

frisør
el peluquero

togfører
el revisor

mekaniker
el mecánico

kaptajn
el capitán

tandlæge
el dentista

videnskabsmand
el científico

rabbiner
el rabino

imam
el imán

munk
el monje

præst
el sacerdote

værktøj
las herramientas

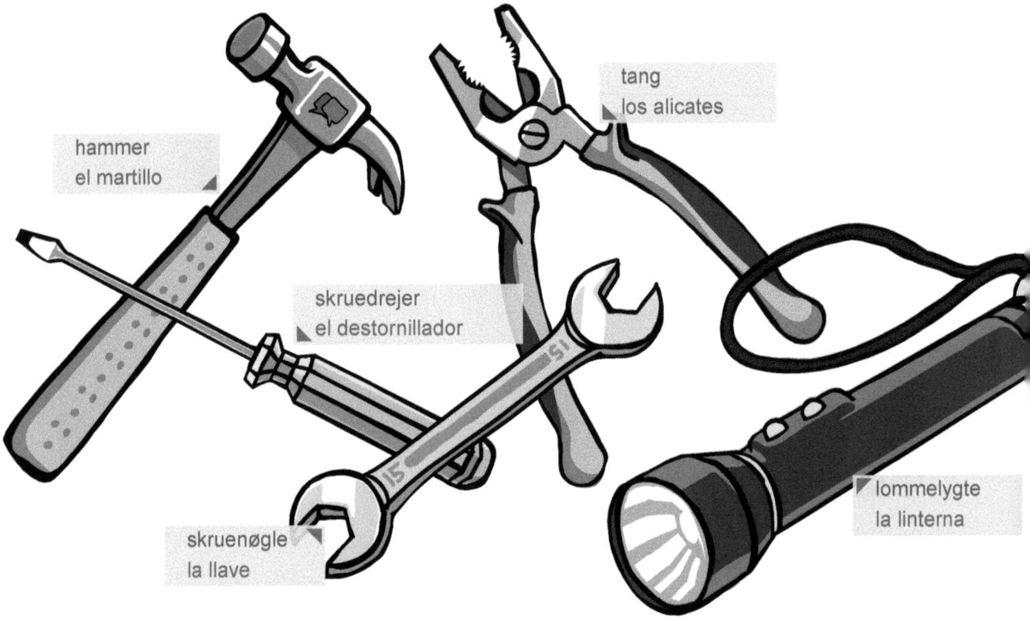
tang
los alicates
hammer
el martillo
skruedrejer
el destornillador
lommelygte
la linterna
skruenøgle
la llave

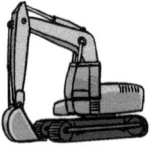

gravemaskine

la excavadora

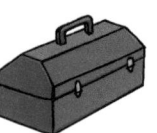

værktøjskasse

la caja de herramientas

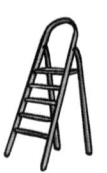

stige

la escalera de mano

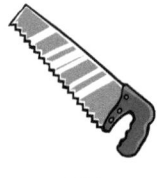

sav

la sierra

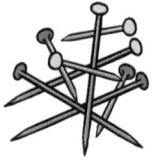

søm

los clavos

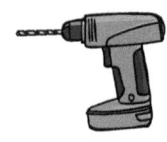

bor

el taladro

reparere
reparar

skovl
la pala

Lort!
¡Maldita sea!

fejebakke
el recogedor

malerspand
el bote de pintura

skruer
los tornillos

musikinstrumenter
los instrumentos musicales

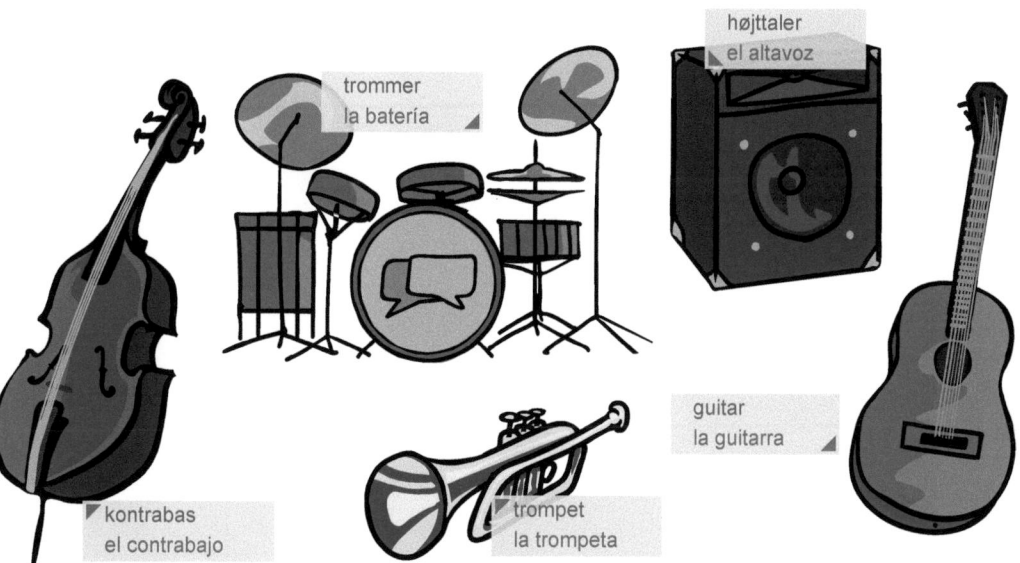

trommer
la batería

højttaler
el altavoz

guitar
la guitarra

kontrabas
el contrabajo

trompet
la trompeta

klaver

el piano

violin

el violín

bas

bajo

pauke

los timbales

tromme

el tambor

keyboard

el teclado

saxofon

el saxofón

fløjte

la flauta

mikrofon

el micrófono

zoo

el zoo

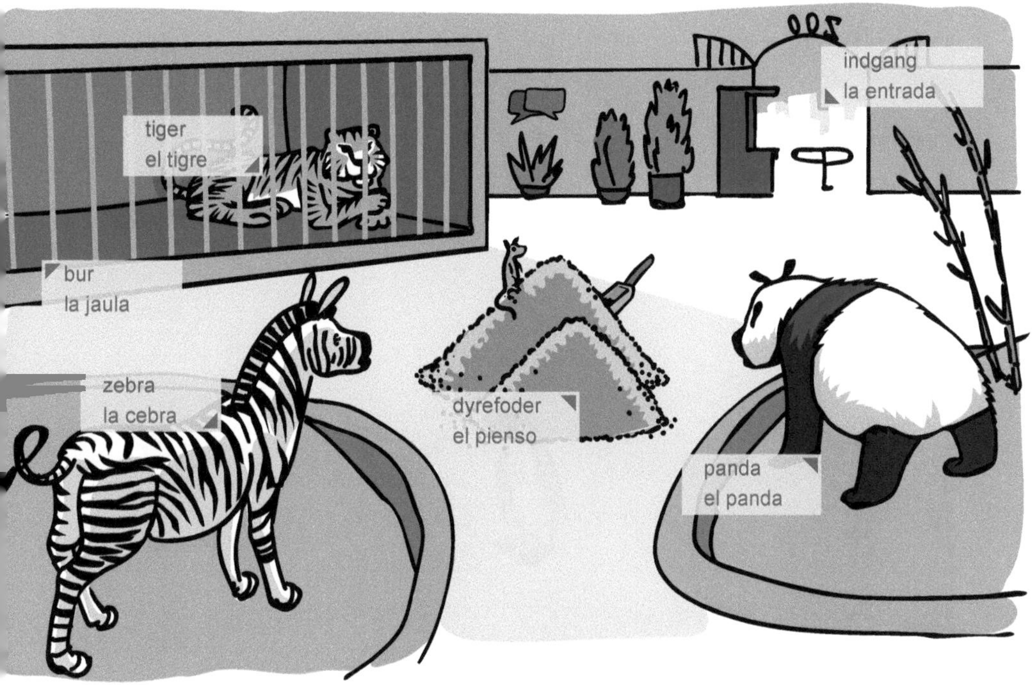
indgang
la entrada
tiger
el tigre
bur
la jaula
zebra
la cebra
dyrefoder
el pienso
panda
el panda

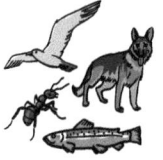

dyr

los animales

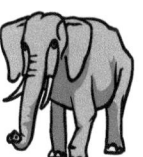

elefant

el elefante

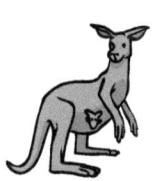

kænguru

el canguro

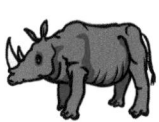

næsehorn

el rinoceronte

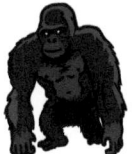

gorilla

el gorila

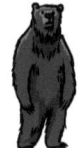

bjørn

el oso

kamel

el camello

struds

el avestruz

løve

el león

abe

el mono

flamingo

el flamingo

papegøje

el loro

isbjørn

el oso polar

pingvin

el pingüino

haj

el tiburón

påfugl

el pavo real

slange

la serpiente

krokodille

el cocodrilo

dyrepasser

el guardián de zoológico

sæl

la foca

jaguar

el jaguar

pony

el poni

leopard

el leopardo

flodhest

el hipopótamo

giraf

la jirafa

ørn

el águila

vildsvin

el jabalí

fisk

el pescado

skildpadde

la tortuga

hvalros

la morsa

ræv

el zorro

gazelle

la gacela

zoo - el zoo

amerikansk football
el fútbol americano

cykling
el ciclismo

tennis
el tenis

basketball
el baloncesto

svømning
la natación

boksning
el boxeo

ishockey
el hockey sobre hielo

fodbold
el fútbol

badminton
el bádminton

atletik
el atletismo

håndbold
el balonmano

skiløb
el esquí

polo
el polo

aktiviteter
las actividades

springe
saltar
give et knus
abrazar
grine
reír
gå
caminar
synge
cantar
drømme
soñar
bede
rezar
kysse
besar

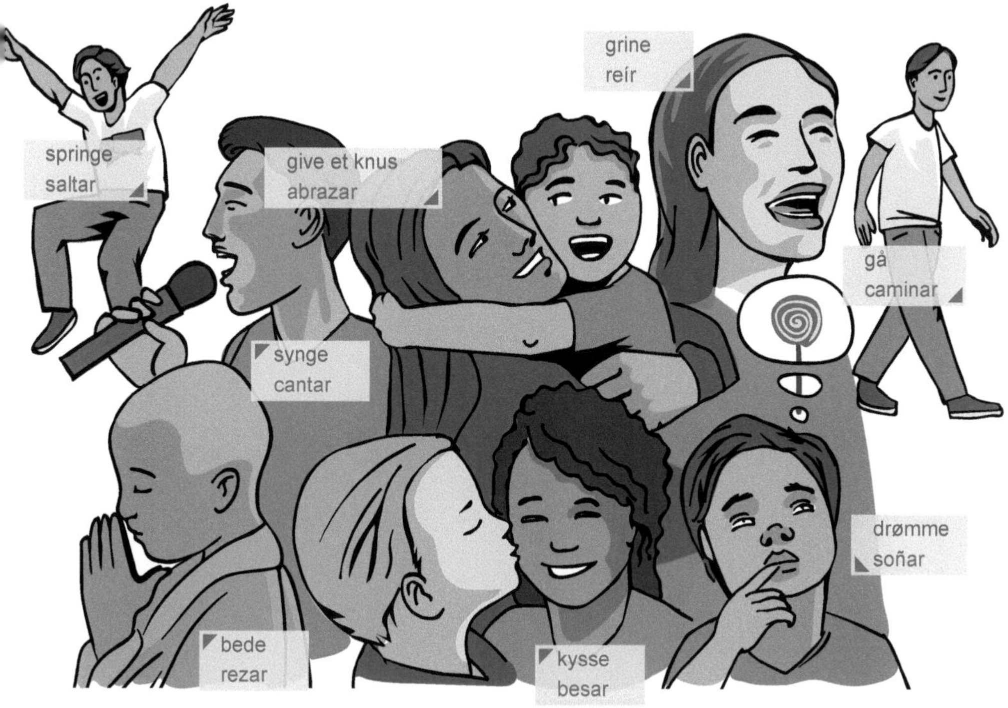

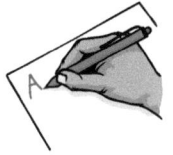

skrive

escribir

tegne

dibujar

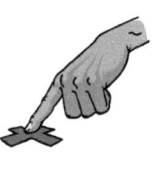

vise

mostrar

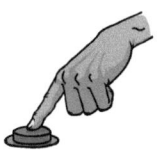

skubbe

empujar

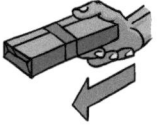

give

dar

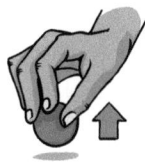

tage

tomar

have
tener

gøre
hacer

være
ser

stå
estar de pie

løbe
correr

trække
tirar

kaste
tirar

falde
caer

ligge
yacer

vente
esperar

bære
llevar

sidde
estar sentado

tage på
vestirse

sove
dormir

vågne
despertar

se på
....
mirar

græde
....
llorar

ae
....
acariciar

kæmme
....
peinar

tale
....
hablar

forstå
....
entender

spørge
....
preguntar

høre
....
escuchar

drikke
....
beber

spise
....
comer

rydde op
....
ordenar

elske
....
amar

koge
....
cocinar

køre
....
conducir

flyve
....
volar

sejle

navegar

regne

calcular

læse

leer

lære

aprender

arbejde

trabajar

gifte sig med

casarse

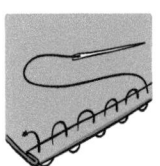

sy

coser

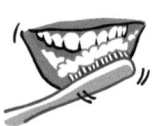

børste tænder

cepillarse los dientes

dræbe

matar

ryge

fumar

sende

enviar

bedstemor
la abuela

bedstefar
el abuelo

far
el padre

mor
la madre

baby
el bebé

datter
la hija

søn
el hijo

gæst

el invitado

tante

la tía

onkel

el tío

bror

el hermano

søster

la hermana

krop

el cuerpo

pande
la frente
øje
el ojo
skulder
el hombro
finger
el dedo
ansigt
la cara
hage
la barbilla
hånd
la mano
ben
la pierna
bryst
el pecho
arm
el brazo

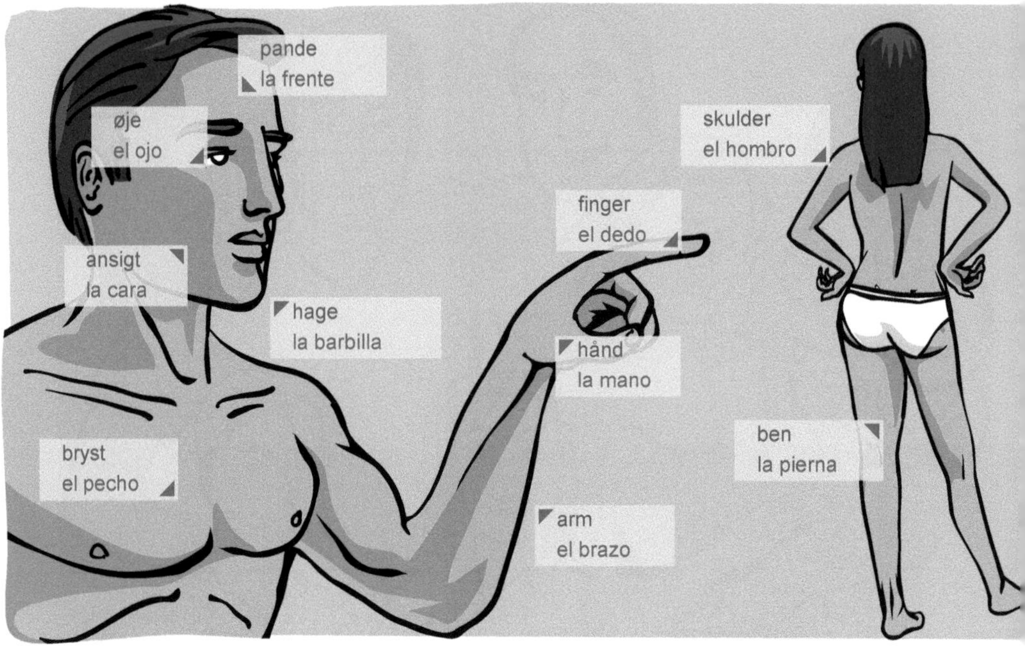

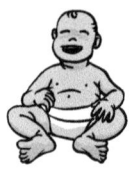

baby
el bebé

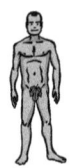

mand
el hombre

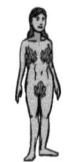

kvinde
la mujer

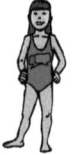

pige
la chica

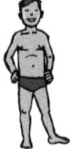

dreng
el chico

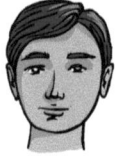

hoved
la cabeza

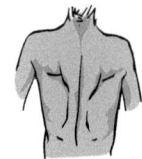

ryg

la espalda

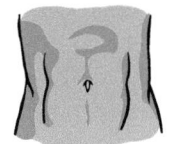

mave

el vientre

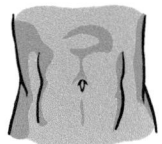

navle

el ombligo

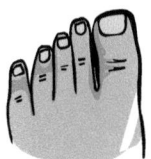

tå

el dedo del pie

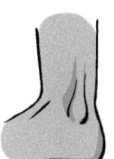

hæl

el talón

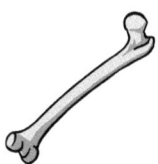

knogle

el hueso

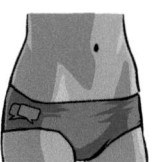

hofte

la cadera

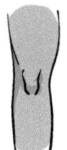

knæ

la rodilla

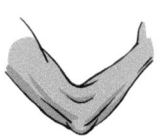

albue

el codo

næse

la nariz

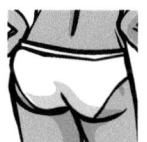

bagdel

el trasero

hud

la piel

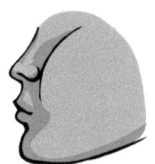

kind

la mejilla

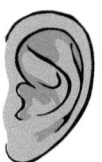

øre

el oído

læbe

el labio

krop - el cuerpo

mund

la boca

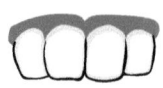

tand

el diente

tunge

la lengua

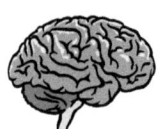

hjerne

el cerebro

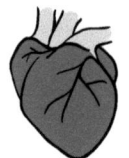

hjerte

el corazón

muskel

el músculo

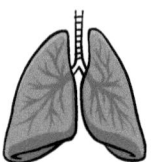

lunge

el pulmón

lever

el hígado

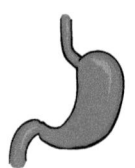

mavesæk

el estómago

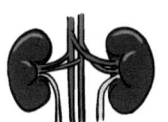

nyrer

los riñones

sex

el sexo

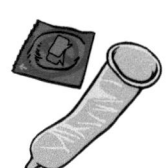

kondom

el condón

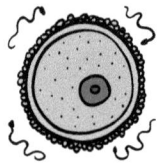

ægcelle

el ovario

sperm

el semen

svangerskab

el embarazo

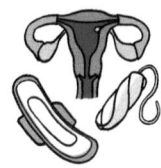

menstruation

la menstruación

vagina

la vagina

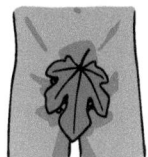

penis

el pene

øjenbryn

la ceja

hår

el pelo

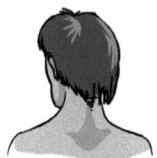

hals

el cuello

sygehus
el hospital

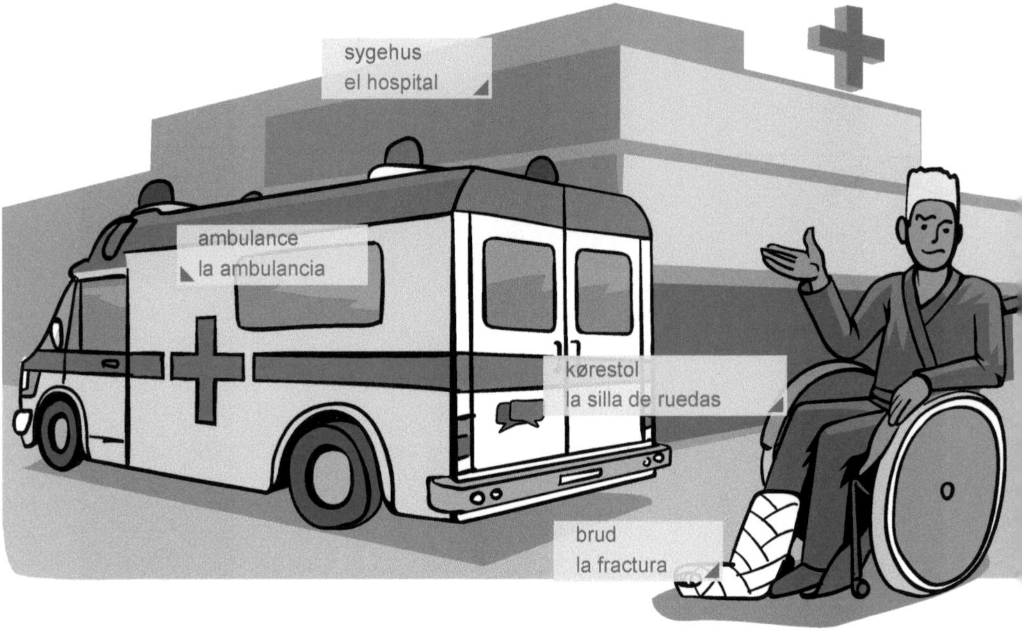

sygehus
el hospital
ambulance
la ambulancia
kørestol
la silla de ruedas
brud
la fractura

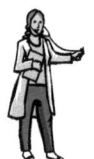

læge

el médico

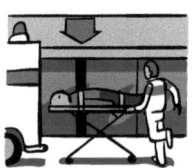

akutmodtagelse

la sala de urgencias

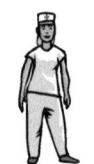

sygeplejerske

la enfermera

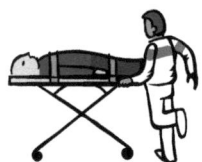

nødstilfælde

la urgencia

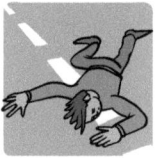

bevidstløs

inconsciente

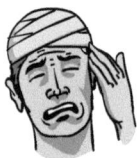

smerte

el dolor

skade

la lesión

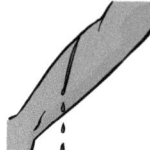

blødning

la hemorragia

hjerteinfarkt

el infarto

slagtilfælde

el ictus

allergi

la alergia

hoste

la tos

feber

la fiebre

influenza

la gripe

diarré

la diarrea

hovedpine

el dolor de cabeza

kræft

el cáncer

diabetes

la diabetes

kirurg

el cirujano

skalpel

el bisturí

operation

la operación

CT
TAC

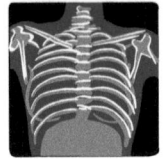

røntgen
los rayos x

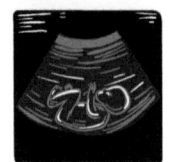

ultralyd
el ultrasonido

maske
la mascarilla

sygdom
la enfermedad

venteværelse
la sala de espera

krykke
la muleta

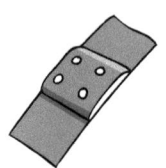

plaster
la tirita

forbinding
la venda

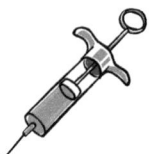

injektion
la inyección

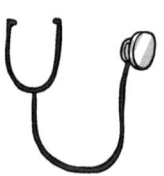

stetoskop
el estetoscopio

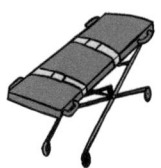

båre
la camilla

termometer
el termómetro

fødsel
el nacimiento

overvægt
el sobrepeso

høreapparat

el audífono

desinficerende middel

el desinfectante

infektion

la infección

virus

el virus

HIV / AIDS

VIH / SIDA

medicin

la medicina

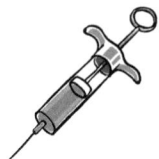

vaccination

la vacunación

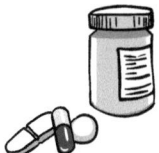

tabletter

las tabletas

pille

la pastilla

nødopkald

la llamada de urgencia

blodtryksmåler

el tensiómetro

syg / rask

enfermo / sano

Hjælp!

¡Socorro!

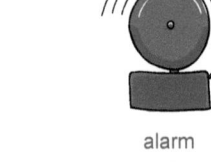

alarm

la alarma

overfald

el asalto

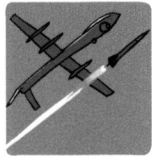

angreb

el ataque

fare

el peligro

nødudgang

la salida de emergencia

Det brænder!

¡Fuego!

ildslukker

el extintor de incendios

uheld

el accidente

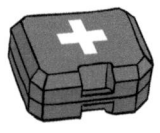

førstehjælps-kuffert

el botiquín de primeros auxilios

SOS

SOS

politi

la policía

Europa

Europa

Nordamerika

Norteamérica

Sydamerika

Sudamérica

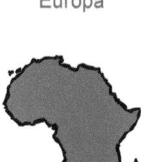

Afrika

África

Asien

Asia

Australien

Australia

Atlanterhavet

el atlántico

Stillehavet

el Pacífico

Indiske Ocean

el Océano Índico

Sydlige Ishav

el Océano Antártico

Ishav

el Océano Ártico

Nordpol

el polo norte

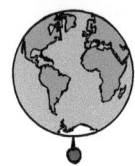

Sydpol

el polo sur

Antarktis

La Antártida

Jorden

la tierra

land

la tierra

hav

el mar

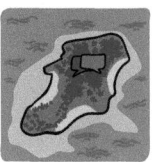

ø

la isla

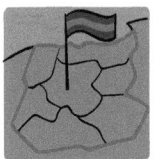

nation

la nación

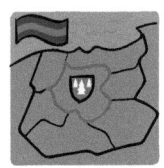

stat

el estado

urskive

la esfera

timeviser

la manecilla de las horas

minutviser

el minutero

sekundviser

el segundero

Hvad er klokken?

¿Qué hora es?

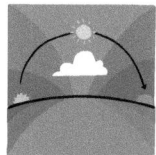

dag

el día

tid

el tiempo

nu

ahora

digitalur

el reloj digital

minut

el minuto

time

la hora

uge
la semana

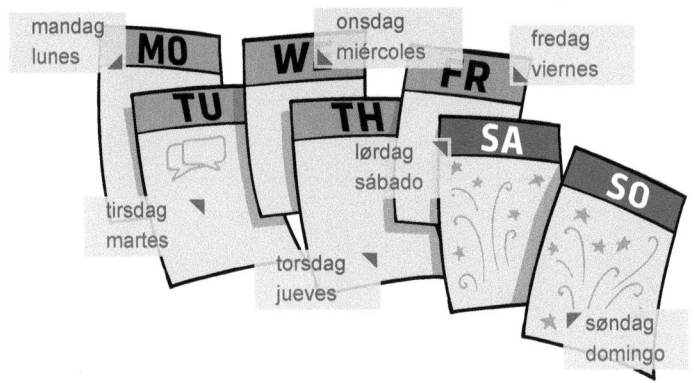

mandag
lunes

onsdag
miércoles

fredag
viernes

tirsdag
martes

torsdag
jueves

lørdag
sábado

søndag
domingo

i går
ayer

i dag
hoy

i morgen
mañana

morgen
la mañana

middag
el mediodía

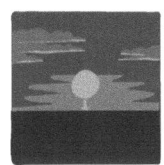

aften
la tarde

arbejdsdage
los días laborables

weekend
el fin de semana

år

el año

regn
la lluvia
regnbue
el arcoíris
sne
la nieve
vind
el viento
forår
la primavera
efterår
el otoño
sommer
el verano
vinter
el invierno

4.APRIL 11°
5.APRIL 4°
6.APRIL 13°
7.APRIL 8°
8.APRIL 10°

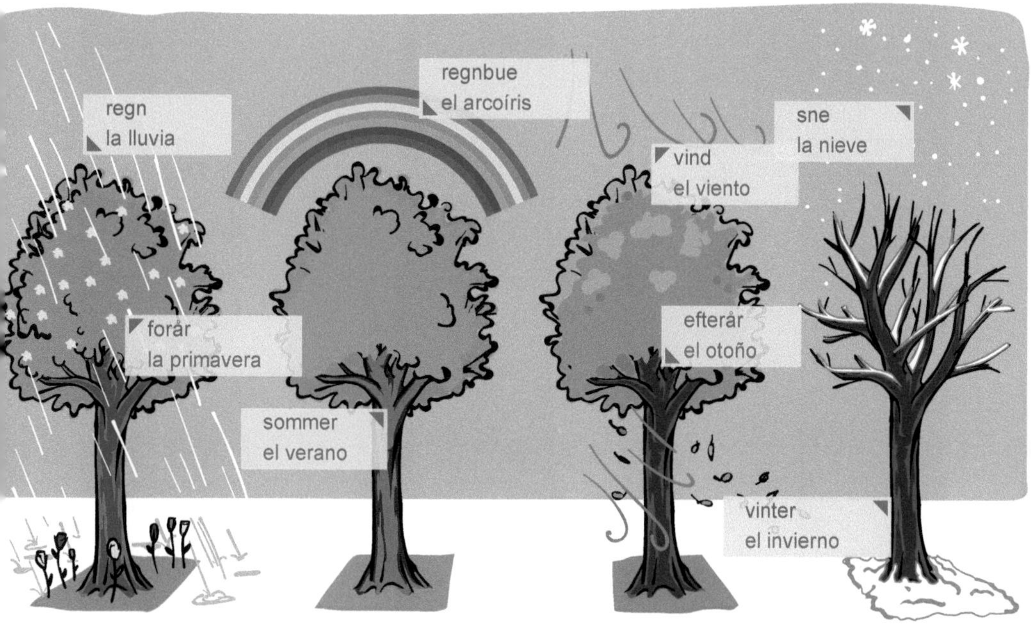

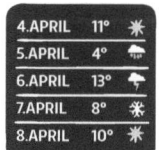

vejrudsigt

el pronóstico del tiempo

F
C
120
90
60
30
0
-30
40
30
20
10
0
-10
-20

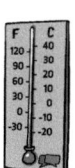

termometer

el termómetro

solskin

el sol

sky

la nube

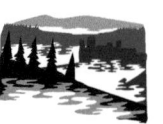

tåge

la niebla

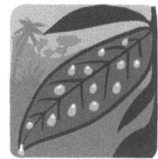

luftfugtighed

la humedad

lyn

el rayo

torden

el trueno

storm

la tormenta

hagl

el granizo

monsun

el monzón

flod

la inundación

is

el hielo

januar

enero

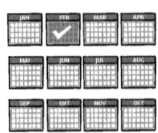

februar

febrero

marts

marzo

april

abril

maj

mayo

juni

junio

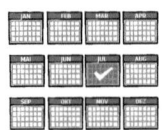

juli

julio

august

agosto

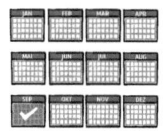

september
....
septiembre

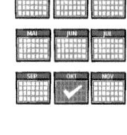

oktober
....
octubre

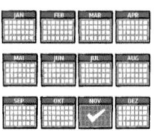

november
....
noviembre

december
....
diciembre

former

las formas

cirkel
....
el círculo

kvadrat
....
el cuadrado

firkant
....
el rectángulo

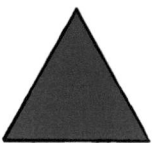

trekant
....
el triángulo

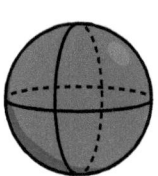

kugle
....
la esfera

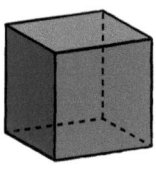

terning
....
el cubo

hvid

blanco

gul

amarillo

orange

anaranjado

pink

rosa

rød

rojo

lilla

morado

blå

azul

grøn

verde

brun

marrón

grå

gris

sort

negro

meget / lidt

mucho / poco

rasende / fredelig

enojado / tranquilo

smuk / grim

bonito / feo

begyndelse / slut

principio / fin

stor / lille

grande / pequeño

lys / mørk

claro / oscuro

bror / søster

el hermano / la hermana

ren / snavset

limpio / sucio

fuldkommen / ufuldkommen

completo / incompleto

dag / nat

el día / la noche

død / levende

muerto / vivo

bred / smal

ancho / estrecho

spiselig / uspiselig

comestible / no comestible

vred / venlig

malo / amable

ophidset / kedet

entusiasmado / aburrido

tyk / tynd

gordo / delgado

først / sidst

primero / último

ven / fjende

el amigo / el enemigo

fuld / tom

lleno / vacío

hård / blød

duro / blando

tung / let

pesado / ligero

sult / tørst

el hambre / la sed

syg / rask

enfermo / sano

illegal / legal

ilegal / legal

intelligent / dum

inteligente / tonto

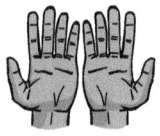

venstre / højre

izquierda / derecha

nær / fjern

cerca / lejos

ny / brugt

nuevo / usado

intet / noget

nada / algo

gammel / ung

viejo / joven

tændt / slukket

encendido / apagado

åben / lukket

abierto / cerrado

stille / højt

silencioso / ruidoso

rig / fattig

rico / pobre

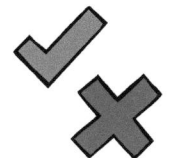

rigtig / forkert

correcto / incorrecto

ru / glat

áspero / suave

ked af det / lykkelig

triste / contento

kort / lang

corto / largo

langsom / hurtig

lento / rápido

våd / tør

húmedo / seco

varm / kold

cálido / frío

krig / fred

guerra / paz

los números

0

nul

cero

1

en

uno

2

to

dos

3

tre

tres

4

fire

cuatro

5

fem

cinco

6

seks

seis

7

syv

siete

8

otte

ocho

9

ni

nueve

10

ti

diez

11

elleve

once

12

tolv

doce

13

tretten

trece

14

fjorten

catorce

15

femten

quince

16

seksten

dieciséis

17

sytten

diecisiete

18

atten

dieciocho

19

nitten

diecinueve

20

tyve

veinte

100

hundrede

cien

1.000

tusinde

mil

1.000.000

million

el millón

engelsk

el inglés

amerikansk engelsk

el inglés americano

kinesisk mandarin

el chino madarín

hindi

el hindi

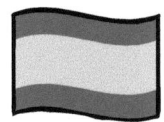

spansk

el español

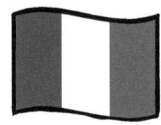

fransk

el francés

arabisk

el árabe

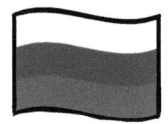

russisk

el ruso

portugisisk

el portugués

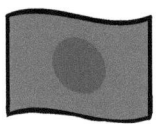

bengalsk

el bengalí

tysk

el alemán

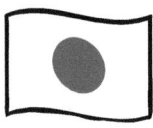

japansk

el japonés

jeg

yo

du

tú

han / hun / den / det

él / ella / ello

vi

nosotros/as

I

vosotros/as

de

ellos/as

hvem?

¿quién?

hvad?

¿qué?

hvordan?

¿cómo?

hvor?

¿dónde?

hvornår?

¿cuándo?

navn

el nombre

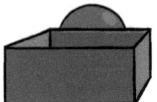

bag
detrás

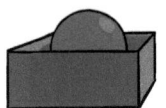

i
en

foran
delante de

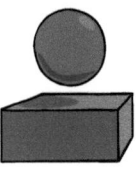

over
por encima de

på
sobre

under
debajo de

ved siden af
junto a

imellem
entre

sted
el lugar